# Inhalt

## Unternehmenskultur heute

Kernthesen

Beitrag

Fallbeispiele

Weiterführende Literatur

Impressum

# Unternehmenskultur heute

*M.Sydow*

## Kernthesen

- Wirtschaftlicher Erfolg kann durch kontinuierliche Weiterentwicklung der Unternehmenskultur erreicht werden. (1)
- In Unternehmen laufen Generationenwechsel oder Fusionen nicht ohne Differenzen ab, Veränderungen müssen daher transparent und sensibel umgesetzt werden. (3)
- Unternehmen entwickeln über die Zeit hinweg kulturelle Eigenarten. (8)

## Beitrag

Unternehmenskultur wird als ein gemeinsames Wertesystem aller Mitarbeiter einer Unternehmung verstanden. Dieses setzt sich zusammen aus Verhaltensnormen, Wertvorstellungen und sowie Denkhaltungen, die von einem Kollektiv von Menschen akzeptiert und erlernt worden sind. Zudem hat das soziale System, welches dadurch entsteht, wiederum auch Einfluss auf das Auftreten der einzelnen Mitarbeiter nach Außen. (1), (8)

Positive Wertvorstellungen in Unternehmen sind beispielsweise Strebsamkeit und Verantwortungsbewusstsein. Solche Werthaltungen ermöglichen es dem Unternehmen, seinen Mitarbeitern in größerem Rahmen Freiräume zu gewähren. Denn gerade Mitarbeiter müssen die Möglichkeit haben, Risiken eingehen zu können und sich dadurch zu bewähren. Im Gegenzug hierzu ist eine Unternehmung, die verantwortungslose Mitarbeiter beschäftigt, dazu gezwungen, höheren Kontrollaufwand zu betreiben. (1), (6)

Wertvorstellungen eines Unternehmens spiegeln sich auch symbolisch wieder: in Kleidung, Sprache, Ritualen bei Betriebsfesten usw. Dadurch zeigen Mitarbeiter auch nach außen ihre Verbundenheit mit dem Unternehmen. Im Kern sollen durch die Unternehmenskultur Fragen nach den Werten, den Prinzipien sowie der Zielorientierung des unternehmensinternen Systems geklärt werden. (1)

Nachfolgend werden verschiedene Ausprägungen des Begriffes Unternehmenskultur erläutert.

## Führungskultur als Vorbildfunktion für die Firmenkultur

Führungsverantwortung ist gerade in Zeiten wirtschaftlicher Krisen und Skandale ein wichtiger Faktor, um Vertrauen bei Mitarbeitern zu fördern. Die Vorbildfunktion der Führungskraft liegt dabei auf der Hand. So sieht beispielsweise Hewlett-Packard sieben Grundwerte der Firmenkultur, die vor allem vom Management vorgelebt werden sollen: Kundenorientierung, Flexibilität, Leistungsorientierung, Vertrauen und Respekt, ethische Werte, Innovationsorientierung sowie Teamarbeit. Dies sind seit Jahren unverrückbare Grundwerte des Unternehmens. (7), (9), (12)

## Wandel in der Unternehmenskultur

Ein Wechsel auf Führungsebene kann auch zu einem Wandel innerhalb der Unternehmenskultur führen. Damit dieser einen positiven Effekt hat, muss die neue Führungskraft auch Fingerspitzengefühl beweisen. Denn in Unkenntnis der vorherrschenden Arbeitskultur können Patzer beim Neueinstieg schnell geschehen. Vor allem das Aufspüren von Feinheiten innerhalb der Unternehmenskultur ist anfänglich schwer. Die Eingliederung in eine bestehende Unternehmenskultur kann dadurch erleichtert werden, dass sich ein neues Organisationsmitglied über bestehende Werthaltungen oder Gewohnheiten sowohl implizit als auch explizit informiert. Das heißt beispielsweise, wie Mitarbeiter über das Unternehmen denken, welche Werte oder Gewohnheiten in Unternehmensgruppen vorherrschen. All dies kann dazu beitragen, zu erfassen, was in der Vergangenheit negativ gelaufen ist oder inwieweit ungenutzte Potentiale im Unternehmen vorhanden sind. Diese Informationen können dementsprechend von neuen Führungskräften für Veränderungen genutzt werden. (5), (8), (12)

# Unternehmenskultur als Voraussetzung für Wissensmanagement

Wissensmanagement in Unternehmen kann nur erfolgreich sein, wenn durch die Unternehmenskultur die Voraussetzungen hierfür geschaffen werden. Zum einen erfordert dies eine offene Kommunikation von Wissen. Das heißt, die Führungsebenen müssen eine Kultur im Unternehmen schaffen, die einen Wissensaustausch fördert. Zum anderen muss aber auch der Wille zur Wissensteilung sowie ein konstruktiver Umgang mit Fehlern ermöglicht werden. (11)

## Entscheidungskultur als Bestandteil einer innovativen Unternehmenskultur

Drei Prinzipien bilden die Grundlage für eine innovative Unternehmenskultur: Einbezug der Leistungsträger, Vernetzung der Entscheidungsträger sowie Delegation der Entscheidungsbefugnisse an Mitarbeiter. Letztere haben einen direkteren Bezug zu den relevanten unternehmensinternen Problemen. Oftmals liegt die Entscheidung zu bestimmten Problemen jedoch nicht in der Hand der direkt Beteiligten, wodurch es zu falschen Beurteilungen der Situation kommen kann. Dies macht eine zielgerechte Entscheidungskultur für das Unternehmen notwendig.

Wie die Unternehmenskultur, wird auch die Entscheidungskultur entscheidend durch das Verhalten und die Erwartungen des Managements beeinflusst. Definiert wird die Entscheidungskultur dadurch, wie und in welchem Maße Informationen gemeinsam genutzt sowie für Entscheidungen herangezogen werden und wie Entscheidungen getroffen werden.

Andererseits kann ein Unternehmen nur dann innovativ und leistungsorientiert agieren, wenn eine entsprechende kulturelle Grundlage und Informationsstruktur vorhanden sind. Zunächst muss jedoch identifiziert werden, welche Art der Entscheidungskultur im Unternehmen vorherrscht:

1. Die Gremien-Kultur ist eine Entscheidungskultur, bei der häufig Meetings mit schon bekanntem Inhalt angesetzt werden. Diese Art von Meetings führen im Ergebnis oft dazu, dass Inhalte festgehalten werden, die bereits allen Mitarbeitern bekannt sind. Vorteilhaft ist, dass Letztere das Gefühl haben, an der Ergebnisfindung partizipiert zu haben. Die Nachteile dieser Entscheidungskultur liegen in der langsamen Entscheidungsfindung sowie der leichten Beeinflussbarkeit der Entscheidungen durch einzelne Persönlichkeiten.

2. Im Gegensatz hierzu stützten sich bei instinktgesteuerten Entscheidungskulturen Entscheidungen in Unternehmen ausschließlich auf den Instinkt und die Erfahrungen eines Einzelnen. Irrt sich jedoch der Entscheidungsträger, sind alle darauf aufbauenden Entscheidungen auf einer falschen Grundlage gebaut und es wird sehr viel Zeit und Energie benötigt, um diese Entscheidungen wieder rückgängig zu machen oder in eine positive Richtung zu wenden.

3. Die Delegation nach oben beschreibt eine Entscheidungsweise, die entgegen dem heutigen Trend zu flachen Hierarchien die Entscheidungsbefugnisse auf obere Ebenen konzentriert. Vorteilhaft ist dabei, dass das obere Management die Kontrolle über die Vorgänge im Unternehmen behält. Dadurch kann es passieren, dass Veränderungen und Innovationen innerhalb des Unternehmens langsamer angeschoben werden oder sogar untergehen. Letzteres vor allem deshalb, weil kaum ein Austausch zwischen den Mitarbeitern der unteren Hierarchieebenen und den Entscheidern stattfindet.

Wichtig ist auch der richtige Umgang mit Informationen. Das heißt, wie, wem und wann Informationen offen gelegt werden. Dies ist ein wichtiger Faktor, der genau ausgespielt werden muss.

Denn das richtige Managen von Informationen zwischen Unternehmen und Partnern kann für beide Seiten vorteilhaft sein. Es sollte daher im Interesse des Entscheiders liegen, der Gruppe, der er angehört, das eigene Wissen zu vermitteln.

Nachdem die jeweilige Entscheidungskultur erkannt ist, folgt ein weiterer Schritt: die Schaffung einer effektiven Kultur, so die Bestehende suboptimal ist. Dafür muss vor allem die Rolle der Führung innerhalb einer innovativen Unternehmenskultur definiert werden. Nur so kann ein Wandel zu einer innovativen Entscheidungskultur eingeleitet werden. Natürlich sind auch hierbei Blockaden zu erwarten. Dies kann in der Regel dadurch vermieden werden, dass die Führungsmacht aufgeteilt wird. Hierfür ist ein einheitlicher Zugang zu Informationen der erste Schritt. (2), (13)

# Fallbeispiele

Die beiden Unternehmen Churrasco und Maredo aus dem Steakhaus-Segment hatten ursprünglich zwei nahezu oppositionäre Kulturen: Eines der beiden war ein inhabergeführtes Familienunternehmen und das andere hatte eine große Konzernstruktur. Eine Übernahme des Ersteren durch den Konzern war das erklärte Ziel. Dies sollte jedoch ohne ein Übervorteilen der Kultur des Anderen geschehen. Deshalb wurde versucht, ein gemeinsames neues Ziel zu formulieren, um dadurch zwischen den Mitarbeitern ein neues Wir-Gefühl entstehen zu lassen. (3)

Die Mitarbeiter von Estee Lauder sind eine gutes Beispiel dafür, dass in Deutschland auch alternative Unternehmenskulturen erfolgreich sein können. Denn das Erfolgsrezept des Unternehmens ist schlicht. Vor allem Gruppenarbeit fördert das Engagement jedes einzelnen Mitarbeiters. Die Führungskraft übernimmt dabei eine moderierende Rolle. Hinzu kommt, dass diese Art des Führungsstils die Eigenverantwortung stärkt. Die dadurch vermittelte Anerkennung sowie der Respekt der Führungskraft dem Mitarbeiter gegenüber fördert nachhaltig eine Vertrauenskultur im Unternehmen. (4)

## Weiterführende Literatur

(1) Praxiswissen für erfolgreiche Unternehmensführung Renditekreislauf der Eigenverantwortung
aus BUM BETRIEB & meister, Heft 11, 2003, S. 24

(2) CPM (Teil 5): Kultur schafft Antriebsmoment
Management von Spitzenleistungen mit innovativer
Entscheidungskultur
aus BA Beschaffung aktuell, Heft 11, 2003, S. 33

(3) Inhaber-Kultur meets Konzernkultur
aus Food Service Nr.09 vom 08.09.2003 Seite S013

(4) Führung gefragt Eine exklusive Studie belegt:
Deutschlands Arbeitnehmer engagieren sich immer
weniger. Und das kommt Unternehmen teuer zu
stehen.
aus Impulse vom 01.11.2003, Seite 110

(5) Neu auf dem Chefsessel - Acht Faktoren
erfolgreichen Führungswechsels
aus Arbeit und Arbeitsrecht, Heft 11/2003, S. 22-25

(6) "Feedback ist der universelle Treiber!"
aus wirtschaft&weiterbildung, Heft 11-12/2003, S. 28

(7) Unternehmensführung und Verantwortung in
Organisationen - Verschmelzung von Ökonomie und
Ethik
aus ZWF - Zeitschrift für wirtschaftlichen
Fabrikbetrieb, Heft 12/2003, S. 652-656

(8) Unternehmenskultur und Personalentwicklung
Kohle pur kann Sünde sein
aus BUM BETRIEB & meister, Heft 12, 2003, S. 34

(9) "Charakter kann man nicht lehren"
aus Frankfurter Allgemeine Zeitung, 12.01.2004, Nr. 9,

S. 16

(10) Die meisten Manager scheuen den offenen Dialog
aus Bonner General-Anzeiger, 03.01.2004, S. 37

(11) Wissensmanagement und Kultur Erst Mensch macht aus Daten Wissen
aus Die SparkassenZeitung, 23.01.2004, Nr. 04, S. 18

(12) Harms, Jörg Menno / Reiss, Herbert, Die Balanced Scorecard als Bestandteil der Führungskultur von Hewlett- Packard, Controlling, Heft 1/2004, S. 51
aus Die SparkassenZeitung, 23.01.2004, Nr. 04, S. 18

(13) Praxiswissen für erfolgreiche Unternehmensführung Renditekreislauf der Eigenverantwortung
aus BUM BETRIEB & meister, Heft 11, 2003, S. 24

(14) Danke, Gallup!
aus wirtschaft&weiterbildung, Heft 01/2004, S. 3

# Impressum

## Unternehmenskultur heute

### Bibliografische Information der deutschen Nationalbibliothek

Die Deutsche Nationalbibliothek verzeichnet diese Publikation in der deutschen Nationalbibliografie; detaillierte bibliografische Daten sind im Internet über http://dnb.d-nb.de abrufbar.

ISBN: 978-3-7379-0158-1

© 2015 GBI-Genios Deutsche Wirtschaftsdatenbank GmbH, Freischützstraße 96, 81927 München, www.genios.de

Alle Rechte vorbehalten. Dieses Werk ist einschließlich aller seiner Teile – z.B. Texte, Tabellen und Grafiken - urheberrechtlich geschützt. Jede Verwertung außerhalb der Grenzen des Urheberrechtsgesetzes bedarf der vorherigen Zustimmung des Verlags. Dies gilt insbesondere auch für auszugsweise Nachdrucke, fotomechanische Vervielfältigungen (Fotokopie/Mikroskopie), Übersetzungen, Auswertungen durch Datenbanken oder ähnliche Einrichtungen und die Einspeicherung und Verarbeitung in elektronischen Systemen.